Ballett

MALBUCH FÜR KINDER

Fact10s Publishing ist beim US-Patent- und Markenamt registriert. Fact10s Malvorlagen für Publishing-Marken werden von einem Team unabhängiger Künstler erstellt.

Kein Teil dieses Buches darf ohne vorherige schriftliche Genehmigung des Herausgebers reproduziert, in einem Abrufsystem gespeichert oder in irgendeiner Form oder auf irgendeine Weise elektronisch, mechanisch, durch Fotokopieren, Aufzeichnen oder auf andere Weise übertragen werden.

Haben Sie eine Frage oder ein Anliegen? Lass uns wissen.

FACT10S PUBLISHING-LIZENZVEREINBARUNG

VIELEN DANK, DASS SIE SICH FÜR DIE VERÖFFENTLICHUNG VON FACT10S ENTSCHIEDEN HABEN. WIR WÜNSCHEN IHNEN VIEL SPAß BEIM AUSMALEN IHRER SEITEN.

SIE KÖNNEN IHRE FARBIGEN SEITEN GERNE MIT FREUNDEN, DER FAMILIE UND DER MALGEMEINSCHAFT TEILEN. DAS KOPIEREN ODER ANDERWEITIGE REPRODUZIEREN UNGEFÄRBTER SEITEN IST STRENGSTENS UNTERSAGT.

WÜRDE ES IHNEN ETWAS AUSMACHEN, SICH EINE MINUTE ZEIT ZU NEHMEN, UM IHR FEEDBACK ZU IHREN ERFAHRUNGEN BEI UNS ZU HINTERLASSEN? IHRE ERKENNTNISSE SIND UNGLAUBLICH WERTVOLL UND HELFEN UNS, SICHERZUSTELLEN, DASS WIR SIE UND ANDERE GROSSARTIGE KUNDEN IN ZUKUNFT GUT BEDIENEN.

www.ingramcontent.com/pod-product-compliance
Lightning Source LLC
Chambersburg PA
CBHW081406130726
47998CB00011B/3096